W0179165

Nahrung für die Seele

Mary Summer Rain

SPIRITUELLE BOTSCHAFTEN FÜR KINDER

Nahrung für die Seele

Mary Summer Rain

SPIRITUELLE BOTSCHAFTEN FÜR KINDER

 **Bauer**

Verlag Hermann Bauer
Freiburg im Breisgau

Die Deutsche Bibliothek – CIP-Einheitsaufnahme

Ein Titeldatensatz für diese Publikation ist bei
Der Deutschen Bibliothek erhältlich

Herausgegeben von Richard Reschika

1. Auflage 2000
ISBN 3-7626-0799-0
© 2000 by Verlag Hermann Bauer GmbH & Co. KG, Freiburg i. Br.
Einband: Ralph Höllrigl, Freiburg i. Br.
Satz: Fotosetzerei G. Scheydecker, Freiburg i. Br.
Druck und Bindung:
Freiburger Graphische Betriebe, Freiburg i. Br.
Printed in Germany

INHALT

Einige Worte an die
Eltern und Betreuer

Benjamin Franklin hatte eine Vision von etwas, das er »Elektrizität« nannte, und er glaubte an diese Vision, während andere, die *nicht* sehen konnten, was er sah, sich darüber lustig machten und ihn verspotteten. Doch wo wären wir heute, wenn all die großen Entdecker und Erfinder von einst dazu gebracht worden wären, ihre wegweisenden Entdeckungen zu verleugnen – aus Angst davor, als wunderlich oder andersartig zu gelten?

Als Eltern und Betreuer haben Sie vielleicht in Ihren Kindern und Schutzbefohlenen den Glauben an den Weihnachtsmann, das Christkind und den Osterhasen genährt. Stellen Sie nun nicht den Glauben Ihres Kindes an andere Dinge, die es möglicherweise sieht und hört, in Frage. Öffnen Sie vielmehr, gleich den Kindern, Ihr Bewußtsein, und erfreuen Sie sich an den neu gewonnenen Einsichten. Denken Sie daran: Die eigentliche Wahrheit des Sprichwortes »Sehen heißt glauben« bedeutet »Glauben heißt SEHEN«.

Das kostbarste Gut eines jeden Landes sind seine Kinder, denn sie sind die Hoffnung für die Zukunft des Planeten

Erde. Ihre visionären und kreativen Kräfte können unsere Welt zu neuen, erleuchteten Ebenen führen, die heute noch nicht einmal in unserer Vorstellung existieren. Die Kinder von heute werden die spirituellen Pioniere des Zeitalters von Frieden und Harmonie sein. Daher ist es unsere spirituelle Verantwortung, dafür zu sorgen, daß jedes Kind die universalen Wahrheiten so umfassend wie möglich verstehen kann.

Erster Teil

Die spirituellen Grundlagen der großen Wahrheiten

Dein wahres Selbst

Gott ist ein wunderbares, strahlendes
weißes Licht voller Wärme, Verständnis
und Liebe.

Eines Tages begann Gott, sich sehr
einsam zu fühlen, und sehnte sich
nach Gesellschaft. Also sandte er viele,
viele leuchtende Funken seines wunderbaren Lichts aus, die wir »Geistwesen«
nennen.

Die Geistwesen sind Teil Gottes. Es sind gute Wesen, und sie lieben Gott sehr.

Als die Geistwesen auf die Erde hinabzusteigen begannen, bekamen sie einen sichtbaren Körper, den Gott »Mensch« nannte. In jedem menschlichen Körper lebt ein göttliches Geistwesen, das ewig ist und niemals sterben kann.

Dein Körper ist wie ein Haus, das von deinem göttlichen Geistwesen bewohnt wird. Du kannst stolz darauf sein, zu wissen, wie sehr Gott dich liebt und daß dein »wahres Selbst« dieser wunderbare, von Gott ausgesandte Funken ist, der in dir lebt.

Liebe alle Menschen, denn Gott ist in jedem von ihnen. Gottes strahlender Geist lebt in jeder Person, die du siehst.

Dein Schutzkreis

Du kannst dich auf eine ganz erstaunliche Art und Weise selbst vor Unheil schützen. Gott gab deinem Geist ein Werkzeug mit, das »das weiße Licht des Schutzes« genannt wird. Es ist sehr hell und sehr strahlend.

Du kannst dir dieses weiße Licht in Form eines großen, großen Kreises vorstellen, und du kannst alles, was du schützen möchtest, sogar dich selbst, in Gedanken in diesen Kreis hineinbringen.

Wenn ein schweres Gewitter aufkommt, kannst du dir vorstellen, daß euer Haus sich sicher innerhalb dieses schützenden Lichtkreises befindet, und du kannst vor deinem geistigen Auge sehen, wie es in das weiße Licht getaucht ist.

Manchmal, wenn du abends noch im Dunkeln unterwegs bist oder wenn du dich vor irgend etwas sehr fürchtest, kannst du dich selbst in diesen Schutzkreis aus weißem Licht hineindenken und siehst in deiner Vorstellung, wie das strahlende, leuchtende weiße Licht dich ganz und gar einhüllt. Dann weißt du, daß du in Sicherheit bist.

Dein Schutzkreis aus weißem Licht schützt dich auch, während du schläfst. Diese geistige Schutzkraft kannst du auch dazu benutzen, jemanden, den du liebst, vor Unheil zu schützen.

Die Dinge, die du siehst

Wenn Menschen denken, werden ihre Gedanken so wirklich wie Gegenstände und können durch die Luft schwirren.

Normalerweise können wir diese Gedanken, die sich um uns herumbewegen, nicht sehen, wir bemerken nicht einmal, daß sie da sind.

Doch manchmal, wenn du sehr, sehr still bist, kannst du vielleicht einen Gedanken eines anderen Menschen sehen. Es kann ein schöner Gedanke eines anderen Menschen sein oder einer, der dir Angst macht. Falls er dich ängstigt, kannst du dich einfach in deinen Schutzkreis aus weißem Licht hineindenken, und der beängstigende Gedanke wird verschwinden.

Denke immer daran, daß du nicht schlecht über andere denken sollst, denn deine schlechten Gedanken können anderen Menschen Schaden zufügen. Denke nur gute Gedanken über andere.

Die Gedanken der Menschen können zu wirklichen Dingen werden. Wenn das geschieht, nennt man sie »Gedankenformen«. Gedankenformen können durch die Luft schweben. Viele Menschen sehen diese Gedankenformen aus den Augenwinkeln, aber da sie sie nur für Bruchteile von Sekunden wahrnehmen, denken sie nicht weiter darüber nach.

Vielleicht siehst auch du manchmal Gedankenformen. Es kann auch vorkommen, daß du Geistwesen siehst, die keinen menschlichen Körper haben.

Doch du weißt, daß sie dir nichts anhaben können, weil du ja deinen Schutzkreis aus weißem Licht hast. Du mußt keine Angst vor Geistwesen haben, denn als du selbst noch ein solches göttliches Wesen warst, konntest du auch Menschen sehen.

Sei glücklich über dein Erdenleben, und versuche, wirklich gut zu sein, denn das ist der Grund, weshalb dein Geistwesen auf die Erde kam und in ein neugeborenes Baby hineinschlüpfte. Es war dein Wunsch, hierherzukommen und ein Leben zu führen, auf das Gott stolz sein würde.

Träumen und Wachsein

Jeder Mensch träumt jede Nacht. Träume sind etwas ganz Wunderbares. Sie können viele deiner Probleme lösen, wenn du sie darum bittest. Träume können uns die Vergangenheit und sogar die Zukunft zeigen.

Während du schläfst, besucht dein Geistwesen andere Orte und tut die verschiedensten Dinge. Manchmal verraten dir Träume auch, was dein Geistwesen während deines Schlafes tut.

Beängstigende Träume zeigen dir nur die Dinge, vor denen du Angst hast. Du brauchst dich vor solchen Träumen niemals zu fürchten, denn sie können dir nichts anhaben. Sprich darüber mit deiner Mutter oder mit deinem Vater. Das wird dir helfen zu verstehen, daß dein Traum gar nicht so beängstigend war. Es kann sehr hilfreich sein, mit jemand anderem über seine Träume zu sprechen.

Manchmal geraten deine Träume durcheinander und scheinen gar keinen Sinn zu ergeben, aber das ist nur deshalb so, weil du dich nicht an alle erinnern kannst.

In unseren Träumen können wir sogar mitunter in der »Akasha-Chronik« lesen und Dinge sehen, die vor langer, langer Zeit geschahen. Die Akasha-

Chronik ist wie ein riesiges Buch. Sie ist das Weltgedächtnis, in dem alles gespeichert ist, was jemals auf der Welt geschah.

Oft träumen wir aber einfach nur von Dingen, über die wir tagsüber viel nachgedacht haben. In manchen Träumen können wir mit Gott sprechen und Gott zu uns sprechen hören.

Du solltest dich auf das Zubettgehen am Abend freuen, denn Träume können sehr viel Spaß machen.

Gott liebt uns alle. Er stellte jedem von uns einen ganz wichtigen Helfer, einen Geistführer, zur Seite.

Dein Geistführer, der allein für dich da ist, hat einen unsichtbaren Geistkörper, so wie du einen hattest, bevor du geboren wurdest, und den du auch jetzt noch besitzt. Er ist es, der an der Silberschnur auf Reisen geht, während du schläfst.

Dein Geistführer war vielleicht ein besonderer Geistfreund, den du in der geistigen Welt hattest, bevor du in deinen Menschenkörper kamst. Vielleicht ist er aber auch einer deiner Verwandten, der jetzt in der spirituellen Welt als Geistwesen lebt. Da dein Geistführer unsichtbar ist, kann er dich überallhin begleiten. Er wacht über dich, während du spielst und sogar während du in der Schule sitzt! Manchmal macht sich dein eigener Geistkörper nachts an seiner Silberschnur auf den Weg, um sich mit deinem Geistführer zu treffen, oder du besuchst mit ihm zusammen verschiedene Orte, und dann träumst du davon.

Der weiße Lichtstrahl des Schutzes

Gott gab dir ein sehr mächtiges Licht
mit auf die Erde. Du kannst es dir so
ähnlich vorstellen wie eine Taschen-
lampe in deinem Kopf. Niemand um
dich herum kann ihr Licht sehen, weil
du es allein durch deine Gedanken an-
knipst. Es ist das weiße Schutzlicht, das
niemals verlöschen kann. Deine innere
Lampe funktioniert immer, weil sie niemals kaputtgehen kann. Du hast sie
immer dabei.

Manchmal, wenn du allein bist oder
dich an einem Ort befindest, der dir
unheimlich ist, brauchst du überhaupt
keine Angst zu haben, denn wenn du

deinen weißen Lichtstrahl ausschickst,
bist du sicher und geschützt.

Dieser weiße Lichtstrahl kann von der
Mitte deiner Stirn aus ins Dunkle hin-
einleuchten. Er kann die furchterregen-
den Ungeheuer, die du dir in Gedanken
vorgestellt hast, anstrahlen, bis sie sich
einfach auflösen.

Du kannst diesen Lichtstrahl nicht
mit deinen Augen sehen, aber du kannst
ihn dir vorstellen. Er kann niemals jemanden verletzen, weil du ihn nur auf
Dinge richten kannst, die du dir in Gedanken vorgestellt hast und die dich
geängstigt haben.

Mit dem weißen Lichtstrahl gab

Gott dir ein ganz besonderes Werkzeug, damit du dir selbst immer helfen kannst, wenn du dich fürchtest. Je älter du wirst, desto nützlicher
wird dieser Lichtstrahl in deinem Leben
werden.

Zeit der Stille – Zeit der Entdeckung

Wann immer du willst, kannst du mit
Gott sprechen. Wenn du betest, sprichst
du mit Gott. Manchmal kannst du in
deinen Träumen auch Gott zu dir sprechen hören, aber die *Berührung* Gottes

kannst du nur spüren, wenn du meditierst.

Dazu mußt du die Augen schließen und dich ganz still hinsetzen oder -legen. Nun stellst du dir um dich herum deinen weißen Lichtkreis des Schutzes vor, schließt die Augen und denkst an eine große weiße Filmleinwand. Wenn alle deine Gedanken auf der Leinwand vorübergezogen sind, wird sie wieder weiß.

Jetzt können vor deinem geistigen Auge viele neue und wunderbare Dinge auf der Leinwand erscheinen. Manche stammen aus deiner eigenen Vorstellung, manche auch von deinem Geistführer.

Es kann auch vorkommen, daß du während der Meditation schöne Musik hörst. Vielleicht spürst du auch eine wohltuende warme Liebe in dir, oder dir ist, als hätte eine Wolke sanft dein Gesicht gestreift. Du kannst vielleicht sogar auf einem Stern sitzen und die ganze Welt erblicken oder auch Farben, die du noch nie zuvor gesehen hast.

Während der Meditation kannst du viele wunderbare Entdeckungen machen, aber das Beste von allem ist, daß du, vielleicht nur für einen kurzen Augenblick, sogar mit Gott zusammensein kannst.

Das ist Meditation.

Das allumfassende Gottesbewußtsein

Unser Geist besteht aus drei verschiedenen Ebenen des Bewußtseins: Die erste Ebene ist unser *bewußter* Verstand, mit dem wir den ganzen Tag über denken. Die zweite Ebene ist unser *Unterbewußtsein*, in dem all unsere Erinnerungen und Erfahrungen gespeichert sind. Und die dritte Ebene unseres Geistes ist unser *Überbewußtsein*, das so mächtig und allumfassend ist, daß wir bis heute noch nicht viel darüber herausgefunden haben. Unsere spirituellen oder sensitiven Fähigkeiten kommen aus dem Überbewußtsein.

Die überbewußte Ebene unseres Geistes hat ihren Ursprung in dem, was wir das »allumfassende oder universale Gottesbewußtsein« nennen.

Ein gewaltiger Gedankenstrom fließt durch die Zeit, und dieser geistige Strom, diese Masse von fließenden Gedanken, wird »allumfassendes Gottesbewußtsein« genannt.

In unserem Geist gibt es eine Verbindung zwischen den drei Ebenen des Bewußtseins. Wenn wir unsere Gedanken und Schwingungen auf diesen Verbindungskanal einstellen, sind wir in Kontakt mit dem allumfassenden Gottesbewußtsein.

In diesem allumfassenden Gottes-bewußtsein ist alles, was jemals ge-schah, sind alle Gedanken und alle Ereignisse von Anbeginn der Zeit ge-speichert. Es enthält auch alle Ereig-nisse, die in Zukunft noch geschehen werden, und es ist von sehr großer Weisheit. Wenn wir reinen Herzens sind und ganz, ganz still werden, kön-nen wir zuweilen im Geiste über den Verbindungskanal zu diesem allum-fassenden Bewußtsein reisen und viele erstaunliche und wunderbare Dinge lernen.

Viele berühmte Sensitive empfan-gen ihre Informationen, indem sie eine Verbindung zwischen ihrem Überbewußtsein und dem universalen oder allumfassenden Gottesbewußtsein herstellen.

Gedankenübertragung

Ein solcher Vorgang wird auch als »Telepathie« bezeichnet. »Tele« bedeutet »Entfernung«, »Pathie« bedeutet »Empfindungen«. Mit Telepathie bezeichnet man also »Empfindungen oder Gedanken, die wir über eine Entfernung hinweg empfangen«.

Wir wissen inzwischen, daß alle Gedanken wirkliche Dinge sind und daß sie Energie besitzen. Unser Geist ist wie ein Radio, das die Gedanken durch die Luft aussendet. Diese Gedanken bewegen sich auf verschiedenen Ebenen durch die Luft, und diese verschiedenen Ebenen, auf denen sich unsere Gedankenenergien bewegen, werden *Schwingungen* genannt.

Wenn jemand einen Gedanken auf derselben Schwingungsebene aussendet, auf die dein Geist eingestellt ist, kannst du den Gedanken dieses Menschen auffangen.

Wissenschaftler haben die Fähigkeit von Menschen, die Gedanken anderer zu

»lesen«, untersucht. Eine Person wird gebeten, in einem Zimmer Platz zu nehmen und an einen Gegenstand, etwa einen Baum, zu denken. Dann wird eine weitere Person in ein anderes Zimmer gebeten. Manchmal befindet sich die zweite Person auch in einem anderen Gebäude oder sogar in einer anderen Stadt. Wenn die zweite Person den Gedanken der ersten, die an einen Baum denkt, empfangen und lesen kann, dann haben diese beiden Menschen auf der gleichen Schwingungsebene gedacht.

Wenn du gelegentlich weißt, was jemand anders denkt, dann ist das Telepathie. Man sagt dann, daß du telepathische Fähigkeiten hast. Das ist ein spirituelles Geschenk Gottes. Spirituelle Gaben sollen zum Wohle anderer genutzt werden.

Schwingungen

Die Energien, die von deinem Körper ausgehen und überall um dich und andere Lebewesen herum vorhanden sind, werden »Schwingungen« genannt. Jeder Mensch gibt Schwingungen ab. Wir können sie nicht immer sehen, aber oft können wir sie fühlen.

Welche Art Schwingungen ein Mensch abgibt, hängt von seiner Stimmung und seiner Persönlichkeit ab. Wenn jemand ruhig und glücklich ist, sind die Schwingungen aus seinem Körper langsam und sanft. In der Nähe solcher Menschen fühlen wir uns sehr wohl.

Wenn ein Mensch nervös oder wütend ist, sind seine Schwingungen sehr schnell und unregelmäßig. In der Nähe eines solchen Menschen fühlen wir uns unbehaglich und werden selbst nervös.

Alle lebenden Wesen besitzen Energie, die Schwingungen in die Umgebung ausstrahlt. Tiere können unsere

Schwingungen sehr gut wahrnehmen. Ein Pferd weiß, wenn du Angst davor hast, es zu reiten, weil es die ängstlichen und nervösen Schwingungen, die du aussendest, spürt.

Viele Menschen können die Schwingungen anderer sehr gut fühlen. Eigentlich tust du das die ganze Zeit über. Du wählst dir deine Freunde aus und verstehst dich mit ihnen so gut, weil du *spürst*, daß ihre Schwingungen fast die gleichen sind wie deine eigenen.

Die Gefühle, die wir einer bestimmten Person gegenüber hegen, sagen uns, was für ein Mensch er ist, denn wir nehmen die Schwingungen, die er aussendet, wahr.

Heilen

Wir wissen inzwischen, daß all unsere Gedanken reale, wirkliche Dinge sind. In unseren Gedanken steckt eine Menge Energie, und sie können daher sehr, sehr stark wirken. Es gibt ein strahlend weißes Licht, das unser Geist benutzen kann, um unserem Körper zu helfen, wieder gesund zu werden, wenn er krank oder verletzt ist.

Das weiße Licht ist blendend hell und strahlend. Wir können es uns in unserem Geiste vorstellen. Wenn wir es dann zusammen mit der Kraft unserer Gedanken in den kranken Teil unseres Körpers senden, können wir ihm sehr helfen. Auf diese Weise können wir dazu beitragen, gesund und heil zu werden.

Menschen, die ihre Geisteskraft zusammen mit dem weißen Licht einsetzen können, werden »Geistheiler« oder »spirituelle Heiler« genannt.

ZWEITER TEIL

Was Tiere uns lehren

Das Geheimnis der Raupe

Weil ich auf Bäumen kriechend mich
    bewege,
denkt nur nicht, daß ich Höh'res nicht
    erstrebe.
Es kommt die Zeit, da kriech' ich auf
    der Erde rum,
ihr werdet bald schon seh'n,
    warum.
Als Raupe krieche und krabble ich,

doch mein Geheimnis ist fürwahr
   verwunderlich.

Ihr müßt kein Mitleid mit mir haben,
weil ich kein schönes Kleid darf tragen.
Es zählt nicht nur, was außen ist zu
   sehen,
was *innen* sich verbirgt, das wird
   bestehen.
Als Raupe krieche und krabble ich,
doch mein Geheimnis ist fürwahr
   verwunderlich.

Ausseh'n tu ich nicht gerade schön,
ich weiß, du hast schon hübschere
   Wesen gesehn.
Häßlich sei ich, hab ich schon gehört,

aber das hat mich weiter nicht gestört.
Als Raupe krieche und krabble ich,
doch mein Geheimnis ist fürwahr
    verwunderlich.

Bin ich außen auch recht unscheinbar
in mir drin ist Schönheit wunderbar.
Ihr werdet große Augen machen
und mit voller Freude lachen.
Als Raupe krieche und krabble ich,
doch mein Geheimnis ist fürwahr
    verwunderlich.

Doch pssst, ganz still jetzt, paßt gut
    auf,
jetzt nimmt ein kleines Wunder seinen
    Lauf …

Nun schaut hinauf! Was fliegt dort für
    ein Wesen?
Könnt ihr euch vorstell'n, daß *ich* das
    bin gewesen?
Die Schönheit meiner Seele hat sich
    offenbart,
die tief versteckt in meinem Körper lag
    verwahrt.

Was lernen wir daraus?

Was die Raupe uns sagt, ist für alle
Menschen sehr wichtig. Obwohl ihr
Äußeres häßlich anzusehen war, be-
wies sie, daß sie in ihrem *Innern* schön
ist.

Jeder Mensch, der auf der Erde lebt, hat eine wunderbare, leuchtende Seele, die Teil von Gottes Geist ist. Sie leuchtet und funkelt wie der strahlendste Stern am Himmel.

Beurteile niemals einen Menschen nach seinem Aussehen. Verachte niemals einen Menschen, weil du meinst, er sei häßlich. Gott hat *alle* Menschen geschaffen, und er will, daß wir sie *alle* lieben.

Hübsch aussehende Menschen können mitunter sehr böse sein. Und Menschen, die kein so gefälliges Äußeres haben, sind oft äußerst liebevoll und freundlich. Denkt an die Worte der Raupe: »Es zählt nicht nur, was außen

ist zu sehen, was innen sich verbirgt, das
wird bestehen.«

Der kleine Kiwi

Ich bin ein Nachtvogel, Kiwi
   genannt.
In unserem Haufen als kleinster
   bekannt.
Alle behandeln mich wie ein Kind,
obwohl ich das gar nicht lustig find.
Ich bin ein rechter Winzling zwar,
doch äußerst klug bin ich, fürwahr!

Ich sitze ganz still und gebe gut
    acht,
mein Geist wird leuchtend, und mein
    Herz, das lacht.
Meine Augen sehen im Dunkeln ganz
    genau,
wo sich Nahrung findet in Wald
    und Au.
Ich bin ein rechter Winzling zwar,
doch äußerst klug bin ich, fürwahr!

Meine Ohren hören den kleinsten
    Laut,
und ich warne vor Feinden, bevor man
    sie schaut.
Mein Warnruf hat schon vielen
    genützt

und sie vor dem drohenden Tod
beschützt.
Ich bin ein rechter Winzling zwar,
doch äußerst klug bin ich, fürwahr!

Ihr seht, ob groß, ob klein, das ist *nicht*
wichtig,
allein der *Geist* entscheidet, was ist
richtig.
Er allein kann Großes vollbringen,
wenn er strahlt aus deinem Inneren.
Ja, ich bin ein rechter Winzling zwar,
doch mein GEIST ist groß, fürwahr!

Was lernen wir daraus?

Der kleine Kiwi will uns sagen, daß es nicht auf die Körpergröße ankommt. Auch wenn dein Körper nicht so groß ist wie der eines Erwachsenen, bedeutet das nicht, daß du nicht großartige Dinge tun kannst.

Dein Geist besitzt ganz wunderbare Fähigkeiten, die nur darauf warten, von dir genutzt zu werden. Du benutzt sie zum Beispiel, wenn du weißt, was ein anderer Mensch denkt, oder wenn du Dinge siehst oder hörst, die andere nicht sehen oder hören können. Und du benutzt sie, wenn du meditierst und betest.

Wenn dein Herz, dein Verstand und dein Geist zusammenarbeiten, gibt es nichts, was du nicht erreichen kannst. Vergiß also nicht: Obwohl du ein Kind bist, kannst du doch großartige Dinge vollbringen.

*Was das neugeborene
Känguruh weiß*

Ich bin ein Känguruh-Baby und werde
  Joe genannt.
Bestimmt bin ich euch allen von Bildern
  bekannt.

Ich bin sicher und geschützt, auch im
   schlimmsten Gewitter,
denn ich habe den besten aller
   Babysitter.
Wo immer ich bin, ist meine Mutter
   dabei,
das zu wissen macht mich glücklich
   und frei.

In Mamas molliger Tasche am
   Bauch
schlaf ich bei Nacht, am Tag dös ich
   oft auch.
Von morgens bis abends kann ich
   heraus und herein,
was brauche ich mehr, um zufrieden
   zu sein?

Wo immer ich bin, ist meine Mutter
dabei,
das zu wissen macht mich glücklich
und frei.

Auch wenn Gefahr droht, fürcht' ich
mich nie,
weil Mama mich schützt und genau
weiß wie.
Was immer ich brauche, sie gibt
es mir,
sie zeigt mir, wenn ich mich irre, die
rechte Tür.
Wo immer ich bin, ist meine Mutter
dabei,
das zu wissen macht mich glücklich
und frei.

Obwohl ich nur ein Baby bin,
schau ich oft zu meiner Mutter hin.
Ich danke ihr für alles, was sie für
    mich tut,
denn ihre Liebe macht mir soviel
    Mut.
Wo immer ich bin, ist meine Mutter
    dabei,
das zu wissen macht mich glücklich
    und frei.

Was lernen wir daraus?

Das kleine Känguruh ist ein kluges
Kind. Es weiß, daß für es gesorgt wird
und daß es beschützt wird.

Jeder Mensch, ganz gleich, ob groß oder klein, wird genauso umsorgt und beschützt. Von wem? Nun, von Gott natürlich! Gott liebt dich sehr. Und weil er dich so sehr liebt, beschützt und führt er dich in deinem Leben und gibt dir ein Heim und genug zu essen.

Du brauchst dir überhaupt keine Sorgen zu machen, denn alles, was geschieht, geschieht aus einem guten Grund – *Gottes Grund*. Habe also Vertrauen in Gott und wie er die Dinge regelt. Solange du dich wirklich Gott anvertraust, brauchst du dich um nichts zu sorgen.

Wenn du mit Spielen beschäftigt bist, mach mal eine Pause und sage Gott, wie dankbar du ihm bist für alles, was er für dich tut. Sage ihm, daß du ihn sehr lieb hast – er wird es hören und sich freuen.

So, wie das kleine Känguruh ganz behaglich und sicher in Mamas Tasche gekuschelt ist, so bist *du* ganz behaglich und sicher in Gottes Händen. Dein ganzes Leben lang.

Die kecke Frau Schnecke

Von allen Geschöpfen auf unserer
  Erde
wollte Gott, daß ich das langsamste
  werde.
Es gibt einen Grund, mach dir keine
  Sorgen,
ich fühle mich bestens in Gottes Obhut
  geborgen.
Ich bin die kecke Frau Schnecke, mein
  Schritt ist bedächtig,
denn ich trag' auf dem Rücken ein
  Häuschen gar prächtig.

Den ganzen Tag seh' ich die anderen
  vorüberhasten,

sie gönnen sich keine Minute zum
  Rasten.
Ich weiß nicht, warum sie ständig so
  wetzen,
sie müßten doch müde sein vom vielen
  Hetzen.
Ich bin die kecke Frau Schnecke, mein
  Schritt ist bedächtig,
denn ich trag' auf dem Rücken ein
  Häuschen gar prächtig.

Ich sehe, wie die anderen sich
  eilen,
wie sie rennen und hasten ohne zu
  verweilen.
Sie jagen Hals über Kopf herum,
ich möchte gern wissen warum?

Ich bin die kecke Frau Schnecke, mein
     Schritt ist bedächtig,
denn ich trag' auf dem Rücken ein
     Häuschen gar prächtig.

Sie alle werden sehen, am Ende,
daß, wenn ihr Treiben auch noch so
     behende,
sie stolpern und straucheln und, eh
     sie's verstanden,
platt auf ihrer Nase landen.
Ich bin die kecke Frau Schnecke, mein
     Schritt ist bedächtig,
denn ich trag' auf dem Rücken ein
     Häuschen gar prächtig.

Sie werden lernen, ihre Hast zu zügeln.
Inzwischen bin ich glücklich, laß mich
    beflügeln
und danke Gott für meine Langsamkeit,
denn sie gibt mir viel Besonnenheit.
Ich bin die kecke Frau Schnecke, mein
    Schritt ist bedächtig,
denn ich trag' auf dem Rücken ein
    Häuschen gar prächtig.

Was lernen wir daraus?

Was geschieht, wenn du in großer Eile
bist? Die kecke Frau Schnecke weiß es,
weißt du es auch? Du bist dann meist
nicht sehr achtsam und besonnen, läßt

Dinge fallen oder kannst nicht klar denken.

Es ist sehr wichtig, daß du dir immer darüber im klaren bist, was du tust, wohin du gehst und wie! Vor allem, *wie*. Hals über Kopf? Unachtsam? Aber warum? Wenn du sowieso schon zu spät zur Schule kommst, kommt es auf ein paar Minuten auch nicht mehr an.

Wenn du es eilig hast, kann dein Denken nicht mehr mit deinem Tun Schritt halten, und dann wirst du unaufmerksam oder unvorsichtig. Wenn du über die Straße rennst und dein Verstand nicht genug Zeit hat, dich daran zu erinnern, daß du zuerst nach links und nach rechts schauen mußt, dann nützt dir deine ganze Eile nichts, wenn du von einem Auto angefahren wirst.

Denke daran, bei allem, was du tust, immer so aufmerksam und besonnen wie möglich zu sein. Sorge also dafür, daß du nie in zu großer Eile sein mußt.

Laß deinen Verstand nie hinter dir zurück.

Der kluge Hase

Wer in einen Hasenbau schaut,
vernimmt keinen einzigen Laut.
Nicht, daß wir schlafen, oh nein,
wir wissen nur etwas, insgeheim:
Je stiller und stiller man wird,
desto besser der Geist funktioniert!

Selbst im unterirdischen Bau
machen wir keinen Radau.
Wenn wir von Stille umgeben sind,
haben wir die besten Ideen,
    mein Kind.
Je stiller und stiller man wird,
desto besser der Geist funktioniert!

Geplapper, Geschnatter, Gequassel,
   Geschrei,
manchmal wird es einem ganz mulmig
   dabei.
Wenn man immer und immer nur
   schreit,
werden die Gedanken nie
   befreit.
Je stiller und stiller man wird,
desto besser der Geist funktioniert!

Hieltest du einfach mal deinen
   Mund,
dann wärst du erstaunt, aus gutem
   Grund.
Denn wenn du in dein Inneres horchst,
   wirst du sehen,

welch wunderbare Bilder in deinem
    Geiste entstehen.
Je stiller und stiller man wird,
desto besser der Geist funktioniert!

Was lernen wir daraus?

Ist dir schon jemand begegnet, der ununterbrochen redet? Und kennst du auch jemanden, der sehr schweigsam ist? Wer ist deiner Meinung nach wohl klüger? Manche Leute können stundenlang reden, und wenn sie dann fertig sind, haben sie in Wirklichkeit überhaupt nicht viel gesagt. Und manche stillen Menschen, die kaum etwas sagen, sind große Denker, sie möchten lieber zuhören und lernen.

Der Hase macht keinen Mucks. Aber er lauscht ... denkt ... und lernt – immer.

Wir können viel von diesen stillen kleinen Hasen lernen. Denk nur daran, was sie glauben: *Je stiller und stiller man wird, desto besser der Geist funktioniert!*

DRITTER TEIL

Spirituelle Botschaften in Versen

Die Botschaft von Mutter Natur

Kommt, liebe Kinder, kommt setzt
    euch zu mir,
holt euch ein Kissen und bleibt ruhig
    mal hier.
Kommt, hört mir gut zu, seid
    mucksmäuschenstill,
damit ihr versteht, was ich euch sagen
    will.

Einst gab ich den Menschen den
	Planeten Erde,
damit er von ihnen umsorget
	werde.
Ich gab ihnen Berge, majestätisch
	erhaben,
und üppige Täler für Insekten zum
	Laben.

Ich gab ihnen Luft, so frisch, rein und
	klar,
daß jeder gesund und wohlgemut
	war.
Ich gab ihnen saubere Meere, Flüsse
	und Seen,
in denen sich spiegelt, was das Auge
	konnt' sehen.

Ich schenkte den Menschen ein
    kostbares Gut,
legte die Erde in ihre Obhut.
Ich streute die Saat von Frieden und
    Liebe
und hoffte sehr, daß Wurzeln sie triebe.

Doch macht mich traurig, was heute
    ich sehe,
ich zähle auf euch, daß etwas
    geschehe.
Macht wieder rein und sauber die
    Erde,
damit schön und strahlend von neuem
    sie werde.

Die Botschaft

Mutter Natur hat so wunderbar für uns gesorgt. Sie war gut zu uns und hat uns alles geschenkt, was wir brauchen, um angenehm leben zu können. Sie gab uns gute, fruchtbare Erde, in der all unsere Nahrung wachsen kann. Sie gab uns erfrischenden Regen, um die Nahrung gedeihen zu lassen, unseren Körper zu reinigen und unseren Durst zu stillen. Sie gab uns goldenen Sonnenschein, um uns zu wärmen und um die sprossenden Sämlinge aus der Erde zu locken. Und sie schenkte uns schneebedeckte Berghänge und glitzernde Seen, auf und in denen wir uns vergnügen können.

Bestimmt macht es sie sehr, sehr traurig, all die Schiffe auf ihren Ozeanen zu sehen, die sie mit Öl oder Unrat verschmutzen. Ihr ist elend zumute, wenn die Menschen mit ihren Chemikalien die fruchtbare Erde verseuchen, und es kränkt sie zu sehen, wie ihre herrlich reine Luft so schrecklich verschmutzt wird. Mutter Natur zählt auf euch, die Kinder, die ihr eines Tages Erwachsene sein werdet. Sie hofft, daß ihr die Erde wieder so schön und rein macht, wie sie von Anbeginn an war.

Das Universum in mir

Ich sitze ganz ruhig, die Gedanken
    sind still,
ich meditiere ganz leicht – oh, welch
    ein Gefühl,
wenn die Flügel des Geistes ich
    ausbreite
und höher und höher ins Unendliche
    gleite!

All die Planeten, wir kennen sie
    kaum,
sind nur winzige Punkte im weiten
    Raum.
Doch Milchstraßen, Monde, Sonnen, ja
    der kleinste Stern,

haben alle ihren Platz, sind sie auch
    noch so fern.

Mein Geist schwebt frei, ganz ohne
    Gewicht,
von himmlischem Licht zu
    himmlischem Licht.
Keinen Anfang und kein Ende gibt es
    dort
im grenzenlosen Kosmos – Gottes Ort.

Wenn ich es will und meinem Geiste
    Flügel gebe,
flugs ich zu den wunderbarsten Orten
    schwebe.
Orte in der Wirklichkeit und in der
    Phantasie,

ich fliege, wohin ich will in der
   Galaxie.

Doch der Ort, den ich am meisten liebe,
an dem ich mich Gott am nächsten
   fühle,
ist dort, wo für einen kurzen
   Atemhauch
ich seine Nähe spüre und seine Liebe
   auch.

Die Botschaft

Mit der Meditation hat Gott uns ein
einzigartiges Mittel gegeben. Sie ist der
göttliche Weg, auf dem unser Geist sich

über alles erheben kann, sowohl über alles Körperliche als auch über alles Nicht-Körperliche. Mit diesem spirituellen Erbe können wir bis in die fernsten Fernen unseres Universums schweben und Millionen von Galaxien jenseits unserer eigenen entdecken.

Wenn wir meditieren, entdecken wir, daß unser Körper und unser Geist nur winzige Zellen in dem lebenden, atmenden Organismus der Schöpfung sind. Gott will immer mit uns in Verbindung bleiben, deshalb gab er uns die Meditation, damit wir unser eigentliches Ziel erreichen können.

Wenn unser Geist willig ist und unser Herz rein, können wir die Tür der

Liebe öffnen und hinaustreten, um den alles umfassenden Geist Gottes zu berühren, der dort auf uns wartet.

Niemand ist wie ich

Ich könnte wie ein Doktor einen
    weißen Kittel tragen
oder wie ein Staatsmann gewichtige
    Worte sagen.
Beim Wettkampf könnte ich sein der
    Sieger
oder mein Gesicht bemalen wie ein
    Krieger.

Doch von allen Menschen, die es je
gegeben,
bin ich am liebsten Ich – so wie ich
bin im Leben.

Als Seefahrer könnte ich verdienen
mein Brot
oder Gondoliere sein auf einem
Boot.
Als Bergsteiger könnte ich die
höchsten Gipfel bezwingen
oder als Musketier mit Federhut
meinen Degen schwingen.
Doch von allen Menschen, die es je
gegeben,
bin ich am liebsten Ich – so wie ich
bin im Leben.

Am Meer könnte ich als Fischer
  leben
oder wie Supermann durch die Lüfte
  schweben.
Als Tierarzt könnt ich kranke Tiere
  heilen,
als Indianer mit dem Pferd über die
  Steppe eilen.
Doch von allen Menschen, die es je
  gegeben,
bin ich am liebsten ICH – so wie ich
  bin im Leben.

Als Zauberer könnte ich Menschen
  zum Staunen bringen
oder als Malermeister den Pinsel
  schwingen.

Ich könnte Reden halten im ganzen
   Land
oder herrliche Lieder spielen als
   Musikant.
Doch von allen Menschen, die es je
   gegeben,
bin ich am liebsten ICH – so wie ich
   bin im Leben.

Ich bin ganz einfach ICH, mal ruhig,
   mal wild,
dann wieder rauh, zuweilen mild.
Mein Leben, meine Zukunft sind noch
   nicht bestimmt,
doch was wichtig ist: Ich bin Gottes
   Kind.
Von allen Menschen, die es je gegeben,

bin ich am liebsten ICH – wie GOTT
mich will im Leben.

Die Botschaft

Gott liebt alle Menschen auf der ganzen Welt. Er liebt den Straßenkehrer
genauso wie den Bundeskanzler oder
die Königin von England. Wir müssen
immer stolz auf uns sein und anderen
Menschen freundlich und liebevoll begegnen, ganz gleich, wer sie sind.

Gott selbst hat die fünf verschiedenen Rassen von Menschen, die es auf
der Erde gibt, geschaffen, und er gab
jeder Rasse eine andere Hautfarbe. Es

gibt Menschen mit rötlicher, brauner, schwarzer, gelblicher und weißer Haut. Gott wollte einfach sehen, wie alle seine Völker miteinander auskommen würden.

Wir dürfen niemals einen Menschen schlecht behandeln, weil seine Hautfarbe anders ist als unsere eigene. Gott liebt die Menschen aller Rassen gleichermaßen, und das sollen wir auch tun. Es ist Gott auch gleich, welchen Beruf wir haben oder was für eine Arbeit wir tun. Für ihn ist ein Pförtner oder ein Müllmann genauso wertvoll wie ein Rechtsanwalt oder ein Arzt. Was Gott an einem Menschen am meisten interessiert, ist, ob er freundlich und liebevoll ist. Gott achtet auch darauf, ob wir einander verzeihen können. Wir sollten die anderen Menschen, die wie wir auf der Welt leben, nicht bloß als Japaner, Afrikaner oder Amerikaner betrachten, sondern in jedem einzelnen den wunderschönen, leuchtenden Funken von Gottes strahlendem Geist sehen.

VIERTER TEIL

Die kleinen Helfer
von Mutter Natur

Mutter Natur

Die kleine Helfer von Mutter Natur
sind Naturgeister, die ganz besondere
Aufgaben zu erfüllen haben, damit
alles wachsen und gedeihen kann und
Frieden und Harmonie in der Natur
herrschen. Mütter sind liebevoll, herz-
lich und gebend. Die Natur umfaßt die
Erde und alle Formen des Lebens, die
auf ihr existieren. Weil die Erde so

großherzig und gut zu uns ist, nennen wir sie und alle Naturkräfte »Mutter Natur«.

Wohin wir auch schauen, Mutter Natur ist überall: in den wärmenden Sonnenstrahlen, in den gemächlich dahinziehenden Wolken, im sanft fallenden Regen, in den kühlen, grünen Wäldern und auf den grasbewachsenen Hügeln.

Mutter Natur ist auch in den Wüsten unserer Erde sehr lebendig. Sie läßt dort Kakteen wachsen, größer als Menschen, und Wüstenblumen in den leuchtendsten Farben erblühen.

Gewitterstürme, Schnee, der im Abendlicht glitzert, sonnendurchflutete

Tage, schimmerndes Mondlicht über dem Meer – all das sind verschiedene Gesichter unserer Erde, die wir »Mutter Natur« nennen. Ist sie nicht großartig?

Mutter Natur hat so unendlich viele verschiedene Aufgaben zu erfüllen, daß sie kaum alles allein bewältigen kann. Sie braucht daher einige ganz besondere Helfer, die ihre kleinen Lieblinge sind. Sie liebt sie sehr und nennt sie alle miteinander »Naturgeister«.

Unterstützt von ihren kleinen Helfern, färbt Mutter Natur jeden Frühling die Blüten der Blumen in den schönsten Farben. Im Sommer sorgen die kleinen Helfer dafür, daß die Bienen

Nektar sammeln können. Im Herbst gestalten sie die Farbenpracht der Blätter an Bäumen und Büschen. Und im Winter bedecken sie das ganze Land mit einer glitzernden, weißen Decke aus weichem Schnee.

Wir müssen immer gut mit unserer Erde und unserem Wasser umgehen, um Mutter Natur zu zeigen, daß wir all die Liebe, die sie uns gibt, zu schätzen wissen.

Vater Wind

Väter sind freundlich und stark und machen Mut. Der Wind ist jener Teil der Natur, der sich über die ganze Erde bewegt. Er ist ein freier Geist. Dieser Eigenschaften wegen nennen wir ihn »Vater Wind«.

Fast überall, wohin wir schauen, können wir die Spuren von Vater Wind sehen. Wir können sehen, wie er den Bäumen an einem Herbstnachmittag die Hände schüttelt. An einem heißen Sommertag können wir ihn als sanfte Brise auf unserem Gesicht spüren. Auch hat der Wind im Laufe der Zeit schon so manches Kunstwerk in der

Natur geschaffen, wie wir zum Beispiel an eigenartig geformten Felsen sehen können.

Oft flüstert Vater Wind uns etwas zu, und manchmal singt er sogar für uns. Hast du je seinen Windgeist durch die Felsen pfeifen hören? Hast du seinem Flüstern gelauscht, wenn er sich durch einen Wald bewegt? Hast du das Rauschen der Weiden gehört? Das Rascheln der Herbstblätter? Vater Wind belebt die Natur mit Geräuschen, wie es kein anderer Naturgeist kann.

Die Arbeit geht Vater Wind nie aus, er ist rund um die Uhr beschäftigt. Er muß um die ganze Erde reisen, um immer dort zur Stelle zu sein, wo er gerade gebraucht wird. Er arbeitet Tag und Nacht.

Er ist so alt wie die Erde und arbeitet immer harmonisch mit Mutter Natur zusammen, um unseren Planeten zu einem wunderbaren Ort zu machen. Vater Wind hebt sanft die Samen der Blumen und Bäume auf und verteilt sie, damit Mutter Natur sie an vielen verschiedenen Stellen pflanzen kann. Er wirbelt die Herbstblätter auf und schichtet sie zu Haufen, damit die Kinder darin toben können. Im Sommer bläst er sanft, um unsere von der Sonne erhitzten Gesichter zu kühlen. Und im Winter wirbelt er den Schnee herum und formt aus ihm wunderschöne, glitzernde Schneewehen.

Der Wassergeist

Hast du dich je gefragt, warum rauschendes Wasser so beruhigend auf Menschen wirkt? Hast du dich je gefragt, weshalb es dich so glücklich macht, an einem sprudelnden Quell zu sitzen? Und warum die Leute sagen, daß ein Bächlein murmelt? Mutter Natur weiß warum, und sie wird es dir sagen.

Vor langer, langer Zeit waren die Menschen sehr traurig. Mutter Natur sah dies, und es machte sie auch ganz traurig. So beschloß sie, etwas zu tun, das alle traurigen Leute aufheitern würde. Sie schickte einen ganz besonderen Geist auf den Weg, der in allen Gewässern auf der ganzen Welt zu Hause sein sollte. Sie beauftragte diesen kleinen Geist, überall Glück und Freude zu verbreiten und die Herzen aller, die ihn hörten, zu erfreuen.

Mutter Natur gab diesem glücklichen kleinen Geist einen besonderen Namen. Sie nannte ihn »Wassergeist«.

Und so tat der kleine Wassergeist, wie Mutter Natur ihn geheißen, und lebt seitdem in allen Gewässern der Erde. Er wohnt in den großen Weltmeeren und tröstet und beruhigt uns mit dem Rauschen der Wellen, die an den Strand rollen oder sich immer wieder am felsigen Ufer brechen.

Er lebt in jedem wunderbaren Wasserfall, um unsere Herzen mit den hüpfenden und tanzenden Wassern zu erfreuen.

Er lebt in jedem Fluß, der sich durch die Täler schlängelt, und auch in den plätschernden, gurgelnden, murmelnden Bergbächen. Überall verbreitet er

Lebensfreude und erfüllt unsere Herzen mit stiller Heiterkeit.

Eine ganz besondere Botschaft

Ich möchte an dieser Stelle allen Kindern der Welt, die so wunderbar offen sind und an so herrliche Dinge glauben, eine ganz besondere Botschaft mitgeben.

Immer, wenn ihr euch mitten im Wald befindet, dann werdet ganz still und lauscht auf die leisen Stimmen der Natur um euch herum.

Laßt euren Geist bei den wunderbaren Dingen, die ihr seht, verweilen. Stellt eure Ohren auf die Stille ein, und erfreut euch an den Entdeckungen, die ihr macht. Fürchtet euch nicht, wenn euch etwas fremdartig erscheint, denn alles wurde so erschaffen, um euer Herz und eure Seele zu erfreuen.

Und solltet ihr jemals einer Blumenfee oder Baumnymphe begegnen, dann bewahrt die Erinnerung an ihren Anblick als besonderes Geheimnis in eurem Herzen. Denn wenn ihr so etwas gesehen habt ..., dann seid ihr wirklich etwas ganz Besonderes.

QUELLENNACHWEIS

Mary Summer Rain, *Mutter Erde, Vater Wind und die Geheimnisse des Lebens. Spirituelles Wissen für Kinder*, Deutsch von Christine Bendner, © by Hermann Bauer, Freiburg im Breisgau, 1994.

Die amerikanische Originalausgabe erschien 1992 bei Hampton Roads Publishing Company, Inc., Norfolk, unter dem Titel *Mountains, Meadows and Moonbeams*, © 1992 by Mary Summer Rain.

Weitere Titel aus der Reihe

NAHRUNG FÜR DIE SEELE

finden Sie bei Ihrem Buchhändler

NAHRUNG FÜR DIE SEELE

... schenken macht Freude